DES AVOCATS

LÉGISLATEURS.

Vir probus dicendi peritus.

A PARIS,

CHEZ P. MONGIE L'AINÉ, LIBRAIRE,

BOULEVART POISSONNIÈRE, N°. 18.

MAI. — 1817.

IMPRIMERIE DE FAIN, PLACE DE L'ODÉON.

DES AVOCATS

LÉGISLATEURS.

Vir probus dicendi peritus.

A ces jours solennels où la nation, pleine de sa dignité, vient exercer avec calme le plus précieux de ses droits, celui de choisir ses défenseurs, une dénonciation aussi injuste que peu calculée a été dirigée contre une classe de citoyens dont le patriotisme sage et éclairé n'aurait pas dû être un problème.

Répandue d'abord sourdement au milieu des salons, la défaveur qui tendrait à éloigner les avocats de la tribune législative a été enfin hautement proclamée dans un écrit intitulé : *Candidats présentés aux Électeurs de Paris pour la Session de 1817.*

« Les avocats, dit l'auteur, sont en géné-
» ral passionnés, verbeux, enclins aux subti-
» lités, aux paradoxes; les discussions pren-
» nent avec eux le caractère de la chicane.....
» Il faut oublier que le barreau ait produit un

» monstre pour être tenté de nommer encore
» un avocat. »

Cette accusation est absolue, sans restric-
tions. Avant d'en venir aux personnes, c'est le
caractère de l'avocat que l'on attaque, en le
frappant d'une incapacité radicale, inhérente
à son noble ministère. Diffamation d'autant
plus grave, qu'elle se trouve consignée dans
l'une de ces brochures que des principes, par
ailleurs sages et libéraux, porteront au-delà
des circonstances qui l'ont vue naître.

Il serait donc bien coupable le silence du
jurisconsulte qui, par une lâche indifférence,
semblerait consentir la prescription de ses plus
beaux titres à la confiance publique, et qui,
dès lors, renoncerait pour jamais à ce qu'il
n'aurait pas su réclamer, quand sa conscience
se soulevait d'indignation contre les traits de
la plus noire calomnie.

Car, nous l'avouerons, admis à peine à ces
nobles rangs où l'opprimé vient revêtir une
arme sûre et fidelle, nous avions cru que l'avocat dont les heureux efforts savaient arracher
l'innocence à un supplice immérité, pouvait
aussi ambitionner, contre d'autres ennemis,
la défense d'intérêts non moins chers à son
cœur.

Nous pensions qu'assez de respect environnaît les cendres de ces orateurs célèbres dont le génie brûlant d'un feu sacré avait donné une nouvelle existence à la patrie menaçant de s'ensevelir sous ses propres ruines. Peut-être même un doux espoir nous faisait-il entrevoir le jour où nous devions monter à la tribune nationale , comme la plus belle jouissance d'une carrière fermée à toutes celles que peuvent procurer l'ambition et l'intrigue satisfaites.

Eh ! ils seraient une illusion ces honorables souvenirs des vieux âges ! Cet avenir si brillant se serait peint sous des couleurs fausses ! L'avocat ne pourrait remplir, avec honneur, les fonctions de député !

C'est à l'opinion publique à prononcer cet arrêt. Conduit à son tribunal, que le jurisconsulte est loin de le récuser ! Là, plus heureux que tous ses concurrens, il retrouve ses juges naturels, ses juges de tous les jours. Avec eux, il ne craint pas que des suffrages, prodigués à ses triomphes au barreau, lui soient refusés sous le portique de l'assemblée nationale.

Ses droits, ses titres à la confiance publique y sont connus. Partout il les porte avec lui; on les lit sur sa devise inséparable : *Vir probus dicendi peritus. Probité ! Éloquence !*

Probité! telle est aussi la première vertu du député : par elle, son âme résiste à la vile corruption ; inaccessible aux promesses ministérielles, comme aux caresses des factions, il marche d'un pas ferme dans le sentier de ses devoirs ; religieux mandataire, il ne voit que les intérêts de son pays, et il repousse avec une égale indignation, le cri de l'anarchie et le code de cette tyrannie qui s'exerce au nom des lois, *la plus cruelle de toutes,* dit un magistrat dont le langage ne fut ni *passionné,* ni *verbeux.*

Mais les principes d'un sage député ne sont pas sa propriété exclusive : il les doit à l'assemblée dans laquelle il siége. C'est en les développant avec force et clarté, qu'il fera sentir l'inutilité d'une loi prétendue nécessaire, le but secret d'une mesure libérale en apparence; qu'il rappellera surtout cette obligation sacrée, indispensable, de soumettre les circonstances à la Charte, et non la Charte aux circonstances.

Ici se place la nécessité du talent de la parole. Devant un auditoire calme et impassible, tel que le sera désormais le sénat des représentans de la nation, si l'éloquence n'a plus besoin d'intéresser les passions généreuses, d'arriver à la raison en ébranlant les

nobles affections du cœur; si elle doit surtout
s'interdire ces exclamations ridicules, ces sou-
pirs emphatiques plus dignes du burlesque de
nos boulevards, que de la gravité d'une assemblée législative : du moins que le tribun, de son
côté, se tienne toujours prêt à combattre ou à sou-
tenir des projets de loi, présentés ou attaqués avec
force et opiniâtreté. Les commissaires du gouvernement apporteront aussi à la tribune leurs
talens, leur facilité; ils pourront bien s'y en-
velopper de quelques *subtilités*, de quelques
paradoxes ; le Député doit les suivre pas
à pas, et d'un mot souvent renverser tout le
système de leurs sophismes. Une discussion
prompte et vive, que l'habitude seule peut don-
ner, devient donc nécessaire, puisqu'elle est
un des plus puissans ressorts de l'éloquence
délibérative.

Or, qui mieux que le jurisconsulte éclairé
pourra réunir ces brillans avantages, ces qualités précieuses?

Sa moralité, sans doute, ne sera pas sus-
pectée : l'honneur fut toujours le cri de sa conscience, parce qu'il en fut le premier besoin.
On sait que, pour lui, le désintéressement et
la probité sont des devoirs d'état aussi indis-
pensables, qu'au négociant la pensée toujours
active de l'intérêt personnel. Ces sentimens gé-

néreux, ne fussent-ils pas grávés dans son cœur; entreraient dans sa tête par calcul, et c'est de l'avocat surtout, qu'il est vrai de dire que, *si la probité n'existait pas, il devrait l'inventer, comme le plus sûr, l'unique moyen de faire fortune !* tant cette belle vertu lui est une habitude nécessaire !

Mais ce qui rend ces qualités bien autrement précieuses chez lui, c'est l'indépendance, cette compagne fidèle de son existence, ce noble attribut qui rapproche l'homme de la Divinité. Étranger aux convulsions de l'ordre social, le jurisconsulte, dans ses pénates, vit libre, parce qu'il y vit sans ambition. La veuve, l'orphelin, voilà les dieux auxquels il sacrifie. La puissance du jour reste sans prise sur une conscience qui ignora toujours cette avilissante souplesse nécessaire peut-être dans d'autres rangs, dans d'autres conditions : douce jouissance du cœur qu'a sentie le jeune avocat dès son premier pas au barreau ! Y pourrait-il renoncer, quand elle est devenue un besoin pour lui !

Eh ! quelle autorité imposante n'apportera pas dans la délibération une telle force de caractère, secondée de ces connaissances que donne une longue expérience ! Qui pourra mieux que cet organe habituel des lois, en saisir les vices occultes? quelle voix plus énergique emprunterait la justice que celle-là qui lui assura ses plus beaux triomphes? Et où l'innocence menacée par ces lois de circonstances trouvera-t-elle un plus zélé défenseur que dans le citoyen accoutumé à trouver entassées dans les cachots, les tristes victimes de la calomnie et de la suspicion!

Noble esclave de la loi qu'il fait exécuter, ami d'un gouvernement qui la respecte, l'homme du palais seul, peut-être, trouve dans l'indépendance de son ministère, ce point qu'on ne peut dépasser sans crime, mais dont aussi l'on ne saurait se tenir éloigné sans lâcheté. Sujet fidèle, patriote éclairé, il renverse la barrière élevée entre le monarque et la nation; il rétablit l'équité sur ses fondemens ébranlés, et ne voit d'intérêt possible que dans l'accord du juste et de l'honnête, qui seuls ne varient point.

L'histoire impartiale déposera que tel a constamment été l'esprit de ces ministres de la justice qui ont soutenu l'éclat de leur titre. Le barreau de nos jours offrira des noms illustres à côté des Harlay et des Brisson, ces vertueux ennemis du fanatisme et des ligueurs d'un autre siècle; et si, dans une dénonciation aussi calomnieuse qu'inconsidérée, l'on a été obligé de se traîner dans l'ornière de la révolution; d'exhumer ces jours malheureux où la justice fut proscrite avec le nom d'avocat (1); le tribunal de l'équitable postérité saura faire la part des circonstances, et leur attribuer ce que toutes les classes de la société ont d'ailleurs eu le malheur de *produire*.

Les médecins aussi ont donné un Marat! les littérateurs, un Fréron! le clergé lui-même n'a-t-il pas compté ses Chabot, ses Faucher? et la noblesse, dans ses rangs les plus élevés, n'a-t-elle pas trouvé les démagogues les plus dégoûtans?

Eh! dira-t-on que ces noms, justement abhorrés, doivent indéfiniment éloigner de la tribune nationale et le vénérable ministre d'une religion de paix, et le médecin ami de l'humanité, et le noble, fidèle à l'honneur et à la patrie? Non, sans doute.

Mais les avocats seuls seraient-ils donc condamnés à expier les forfaits d'un monstre à peine admis dans leurs rangs? Seraient-ils devenus les garans solidaires de tous ceux qui usurpèrent leurs

---

(1) Par décret du 11 septembre 1790, l'ordre des avocats fut supprimé. L'honneur et l'esprit de corps durent disparaître avec la discipline intérieure, quand il ne resta plus en France que de *ci-devant avocats*.

droits et leur place quand ils avaient cessé
d'être? ou ne sauraient-ils trouver parmi leurs
confrères, et au sein de la tempête, quelque
pilote hardi et prudent tout à la fois, dont ils
pussent s'enorgueillir?

Quoi! ce barreau qui, dans les beaux siècles
de l'antiquité, fut l'arène brillante où venaient
exercer leurs forces ces hommes rares, destinés
à sauver la patrie par leur éloquence, serait
tombé aujourd'hui dans un honteux avilisse-
ment!

Ombres sacrées des Démosthènes et des Ci-
céron, vous frémissez à cette basse accusation!
Non, la France sans armes et sans défense ne
craindrait point encore ses Philippe et ses Cati-
lina! Mais si jamais cette terre des braves pouvait s'ensevelir dans une criminelle mollesse,
de son sein s'élancerait un orateur armé de
cette sainte image de la patrie, dont l'aspect,
de nos jours, fit tant de héros; et la même cause
enfanterait les mêmes prodiges!

Un avenir plus tranquille et plus heureux
nous attend. Assez de gloire et de triomphes
ont illustré notre âge. C'est à perfectionner ses
institutions, monument éternel de la sagesse du
siècle, que la France doit désormais s'appli-
quer.

Eh bien! cette carrière honorable, le jurisconsulte est appelé à la remplir. A ce poste, il viendra encore utilement servir son pays. Le passé (nous l'invoquerons avec confiance) le passé nous en est un sûr garant.

N'est-ce pas du barreau qu'est sorti le premier cri en 1789? Ne sont-ce pas les avocats qui ont appelé avant tous, non pas les malheurs de la révolution (qui pouvait les prévoir à cette époque?) mais les droits imprescriptibles de l'homme, les droits consacrés dans nos institutions actuelles?

Les suffrages qui, dans toute la France, les portèrent à la première de nos assemblées, n'offrent donc rien d'étonnant. Ils *n'excèdent pas toute proportion raisonnable.* N'était-il pas bien naturel que l'opinion publique entourât ceux qui s'en étaient montrés les premiers interprètes avec un zèle si courageux?

Aussi, la confiance qui les avait députés à cette assemblée, les accompagna-t-elle dans une enceinte où elle fut justifiée chaque jour. Parmi des noms auxquels l'inexpérience put sans crime arracher quelques erreurs, on ne se rappellera pas sans admiration et sans reconnaissance, qu'un *avocat* du Dauphiné (M. Mounier) entrevit et demanda, un des premiers, cette constitution qui nous régit aujourd'hui, l'établissement des deux Chambres; certes, ce fut

là un beau *paradoxe*, une idée bien heureuse-
ment *subtile*.

La lutte s'engage, et quand la peur ou la nécessité éloigne un parti, c'est sur la brèche,
c'est en présence de l'ennemi, que les Lanjui-
nais, les Defermon, les Pastoret, défendent
aux assemblées suivantes, ces principes éternels
de modération et de sagesse, qui seuls peuvent
fermer l'abîme des révolutions.

La tyrannie de 1793 touchait à peine à son
terme ; un nouvel ordre de choses s'élevait : et,
dans les deux conseils, la raison emprunte encore l'éloquence des jurisconsultes échappés au
glaive devant lequel ils n'avaient pas fui. Nommer un Boissy-d'Anglas, un Portalis, c'est rap-
peler la présence de ces astres bienfaisans qui
devraient toujours éclairer les assemblées des
républiques, ou les conseils des princes.

Enfin, le calme renaît, et les Treilhard, les
Tronchet, les Bigot, viennent ouvrir un siècle
nouveau par le bienfait d'une législation pro-
mise depuis long-temps aux besoins et aux
vœux de la France.

Étaient-ils donc étrangers au bonheur de
leur patrie, ces jurisconsultes philosophes dont
les hautes méditations devaient abolir sans re-
tour la torture et l'infâme potence, couper la
dernière tête à l'hydre féodale, et ouvrir une

famille à ces innocentes victimes de la séduc-
tion, ou aux malheureux orphelins auxquels
l'adoption allait rendre un père !

Nous nous arrêterons ici, à l'exemple de
l'auteur auquel nous avons cherché à répondre.
La constitution qui, après le consulat, gouver-
na la France pendant dix ans, en enlevant à
nos législateurs l'avantage de la discussion publique, ferma l'arène où ils pouvaient signaler
leur patriotisme et leurs talens; et les actes
constitutionnels qui depuis 1814 nous ont ren-
du nos droits, frappent des époques trop voi-
sines pour qu'elles puissent être justement
appréciées. C'est pour n'avoir pas su s'élever
au-dessus des circonstances, qu'on a posé des
principes qu'elles seules pouvaient justifier, en
les appliquant aux vains efforts de la médio-
crité, qui se trahissait elle-même au milieu de
ses succès impuissans.

Le cours orageux de notre révolution d'ailleurs vient de nous offrir des modèles assez
beaux, pour que nous puissions nous reposer
devant eux avec un saint respect.

Mais cette admiration ne sera pas celle de la
froideur et de l'indifférence. Ces hommes sages
dont nous avons apprécié les vertus calmes au
milieu d'un bouleversement général, n'auront
point parlé en vain à leurs successeurs. Ils ne

seront pas perdus pour les avocats de Paris, les nobles exemples que leur tracèrent les barreaux de la Bretagne (1) et du Dauphiné. Plus d'un jurisconsulte, dans la capitale, appelé aux hautes fonctions de la législature, y perpétuera cette renommée d'une antique valeur, dont il est devenu l'héritier et le dépositaire.

Formé à leur école, le jeune avocat se rappellera qu'à Rome la tribune aux harangues fut aussi celle où le citoyen qui voulait gouverner la république, venait, par la défense de l'opprimé, nourrir son âme de ces vertus mâles qui ne connaissent point de transaction avec l'injustice et la tyrannie.

Qu'on cesse donc de lui ravir un espoir qui fait toute son ambition, au milieu de ses nobles, mais souvent bien pénibles travaux! qu'on cesse d'éloigner de lui la confiance publique,

---

(1) La Bretagne conserva ses états jusqu'en 1789 : la noblesse y assistait en corps ; le tiers-état y envoyait seulement quarante députés, pris, la plupart, dans ces places si facilement soumises à une influence étrangère. Quelque imparfaites que fussent ces assemblées, elles conservèrent néanmoins un certain esprit public, auquel cette province dut peut-être la gloire de devenir le premier foyer de la liberté naissante, et son asile dans les temps de malheur.

sa seule récompense ! qu'on cesse de parler d'incapacité, de provoquer une sorte d'exclusion
contre ces hommes généreux dont le cœur battit
toujours aux noms sacré *d'honneur et patrie* ;
ces hommes qui, dans la nouvelle France,
comme dans l'antique Italie, sauront encore
allier au respect pour le gouvernement de leur
pays les honorables sentimens de citoyens
libres et indépendans !

J. D. L. P.